사진_ 김가빈

김 요아킴

공중부양사

애지시선 087

공중부양사

2020년 3월 25일 초판 1쇄 발행

지은이 김요아킴
펴낸이 윤영진
기획편집 함순례
홍 보 한천규
펴낸곳 도서출판 애지
등록 제 2005-000005호
주소 34570 대전광역시 동구 대전천북로 12
전화 042 637 9942
팩스 042 635 9941
전자우편 ejiweb@hanmail.net

ISBN 978-89-92219-88-4 03810

* 이 책은 2020년 부산광역시, 부산문화재단 지역문화예술특성화 지원사업으로 지원받았습니다. 부산광역시 BUSAN METROPOLITAN CITY 부산문화재단

애지시선 087

공중부양사

김요아킴 시집

시인의 말

십여 년 전 신도시로 이사와 접하는 대단지 아파트문화, 그 속에서 벌어지는 다층적 일상이 지금의 나를 호명하는 시적 질료이자 원형이 되고 있다. 도처에 산적해 있는, 불편하지만 이를 통해 바라보는 우리 생의 역전적 모습들이 연작의 형태로 얼굴을 내밀고 있다.

생각해보건대 결국 시의 출발점이란, 지금 자신이 발 딛고 있는 바로 여기가 아닐까?

금정산 그리메를 안고 유유히 흘러가는
낙동강을 바라보며
2020년 초봄 김요아킴

■ 차례

제2부

제3부

제4부

〈일러두기〉

*본문에서 〉는 '단락 공백 표시'로 한 연이 새로 시작된다는 표시이다.

제1부

고등어

돌아서는 등 뒤의 모습은
모두 푸르다

돌아설 수밖에 없는 견고한 이유들이
도처에 나열되지만
그 속엔 누구도 감당치 못할
멍 하나씩 발아되고 있다

결코 몇 방울의 눈물론 풀어낼 수 없는
시퍼런 물결에 수없이 맞고 맞아
기어이 바닷빛이 되어버린,
그날 저녁밥상에 아버지는
길게 드러누우셨다

불면의 눈으로 충혈된 실패는
파도의 허연 칼날을 붙잡고
다음 생을 기약하려던 몸부림처럼

뒤집혀진 등을 내보이며, 어린
식욕을 젓가락질로 자극했다

짠내 나는 먼 물살을 헤치는
슬픈 가장의 통점痛點이
스스로 그어놓은 선명한 줄무늬로
갓 길어 올린 그물처럼 걸려든다

등 뒤의 푸른 모습은 모두 돌아선다

바다상회

바다상회의 주인은 바다다

재생되는 내 기억의 필름 속에서
늘 손님을 맞고 있다

그 한 평 남짓한 자리에서
조수 간만의 차이만큼을 버텨내고 있다

이른 새벽에서 늦은 밤 귀갓길까지
햇빛과 형광등을 달리하며
세월을 소금에 절이고 있는 것이다

뱃고동처럼 웅웅거리는 녹슨 냉장고 속은
캔버스의 정물화로 놓여지고, 가끔씩
수면 위로 솟아오르는 몇몇의 날갯짓에
바다는 파리채를 흔든다
〉

간혹 누군가 흘리고 간 막걸리는
허연 폐수로 밀려와 좁은 해변을 더 밀어내고
빵 봉지마냥 부푼 섬이, 납작
바다에 엎드려 자맥질을 한다

저 멀리 뒷산이 파라솔처럼 고운 그늘을 펼치면
반질반질한 계산대 탁자 모서리로
반짝거리는 나의 손때가 더해진다

바다상회의 손님이 바다가 된다

자갈치역 문이 열리자

검은 문어 한 마리가
스르르 밀려왔다

숨어 쉴 곳 없는 환한 자리가
자신의 내장까지 비추고 있었다

뭍에 다다른 낯설음이 물컹한 하체에
어리둥절한 힘줄로 솟아올랐다

비릿한 고요가 순간 술렁이자
세 쌍의 다리가 유난히 버팅겼다

울음을 어루만지는 빨판이, 서둘러
여린 생들을 감싸 안았다

간간히 혀를 차는 소리가 지하철의
쿨럭임에 뒤섞였다

〉

그러는 사이 짙은 먹물을 뿌리며, 문어는
슬픈 탈색을 시도하려 했다

서툰 발음으로 연신 '괜찮아' '괜찮아'를
세 그림자에 수유授乳하곤 했다

갈매기 소리 역력한 시청역 문이 닫히자
남겨놓고 간 그 한 움큼의 바닷물이 짰다

칠암항

아나고 한 점을 입에 넣고
딸아이는 연신 고소하게
손뼉을 치며 환호한다

미리 지정된 관중석에 앉아
드넓게 펼쳐진 푸른 그라운드를
마음속으로 기워 올리며, 저 멀리
큼직한 야구배트와 글러브를
줌인 중이다

파울라인처럼 선명하게 그어진 방파제는, 좀체
파도의 큰 플라이 타구를 허용하지 않고
여전히 입안에서 오물거리는 아이의 응원이
맛있어 보인다

순간, 동점상황 같은 팽팽한 물결 위로
고깃배 한 척이 센터를 하얗게 가르는

적시타로 1루를 향하고
승리를 몰고 온다는 갈매기가 둥글게
세 번의 슬라이딩을 시도한다

스코어를 알리는 불빛이 마악
전광판에 켜지려 할 무렵
톡 쏘는 청량감이 딸아이의 혀끝에 매달리며
경기는 비로소 종료를 알린다

* 칠암항 등대는 2008년 베이징올림픽 야구 금메달을 기념하여, 부산시에서 만든 전국 유일의 야구 조형물(배트, 글러브, 공)로 만들어짐.

날개, 나비를 탐하다

딸아, 걱정하지 마. 내가 죽은 뒤 나비를 본다면,
그게 나라고 생각하렴.
- 로미 맥클로스키의 어머니 말 중에서

엄마의 정원은 여전히 넓고 아늑했다

꽃들이 내어준 자리는 이승의 그림자를 떼어내기에 알맞았다

꿈결에서조차 부는 바람이 지독한 통증을 저 멀리 날려 보냈다

순간, 수십 마리의 나비들이 박차고 날갯짓을 하였다

전생의 미련이 남은 엄마는 미처 오른쪽 날개를 끄집어내지 못했다

〉

사흘 만에 다시 생의 갈림길에 선 나비를 붙잡은 건 엄마의 딸이었다

하나하나의 기억을 무늬로 수놓으며 인공의 날개를 조합하였다

간간히 배인 눈물과 웃음기가 잔주름처럼 염색되었다

'설마'와 '혹시'라는 부사 사이의 침묵은 그리 길지 않았다

엄마를 탐한 진정한 봄이 뜰 안으로 찾아왔다

이쪽과 저쪽의 경계는 그리 멀지 않았다

소문의 벽

비바람이 물러난 자리에
타이어 자국이 바다로 향해 있었다

안전을 도모해야 할 붉은 비상등이
깨진 잔해로 널브러져 있고
밝게 빛나야 할 가로등은
허리가 꺾인 지 오래다

이른 아침을 해결하려는
편의점 통유리 너머로 비쳐오는
이 미궁迷宮의 풍경들

지난밤의 치매어린 소문들이 하나하나
검은 비닐백에 수거되고 있다

생에 대한 미련을 털어낸
약간의 알코올 수치를, 동시에

날려버린 폭풍 속으로
사건의 지문은 지워지고 있었다

젊은 미화원의 빗질 속도만큼
어제를 마감한 단신短信 뉴스가
젓가락을 집지 않은 손에서 스쳐갔다

다시 햇살이 번지고
한가로이 모이를 쪼아대는
서너 마리 비둘기가 등장하는 데는
한 끼 식사를 하는 동안으로
이미 충분했다

거리 1
– 신호를 기다리며

고가도로에 매달린 오른쪽의
좁은 도로가 위태롭다
일 방향으로 내달려온 역사처럼
타이어의 소요가 예사롭지 않다
막힘없는 내리막 끝자락에
그어놓은 유일한 건널목,
쿠데타를 연상시키는 소음이
신호 불빛을 색맹으로 바꿔버린다
제법 외투 깃을 세우는 칼바람과
서둘러 돌아가야 할 집이
구호처럼 서 있다
서성거리는 그림자들의 눈빛, 순간
짙은 정적이 거리로 몰려든다
노인 한 사람이 붉은색을 견디지 못하고
뚜벅뚜벅 흰 머리칼을 날리운다
교복차림의 몇몇 아이들은
언제 켜질지 모를 그 색을 기다리며

꼿꼿이 서 있다
바로 그 자리로
세대를 가르는 깊은 강이, 한번
출렁거린다

거리 2

– 공사장을 지나며

잿빛 하늘로 추락하는
아스팔트의 표정이 속절없다
굉음을 쏟아내는 깊은 삽질에
불현듯 현기증이 서식한다
점액질의 매연은 스멀거리는 안개로 삽입되고
사람들은 사라진 인도를 찾느라 분주하다
건물은 하염없이 한 층 한 층 쌓여가고
밟혀대는 그림자 사이로
경적은 정오의 사이렌처럼 울린다

이쪽 너머 저쪽과의 경계가
안전모를 담보로 붉게 판결된다
단 한 번의 어김도 없이
어제처럼 오늘의 표정도 변함이 없다
왼팔을 벌린 채 아래위로 삐걱거리는
작업복의 품이 넓게 펄럭인다
뿜어대는 자동차의 요란한 숨구멍

덕지덕지 붙은 노동의 더께 위로
누군가 씌워놓은 흰 마스크가 유난하다

* '정오의 사이렌'은 이상의 소설 '날개'에서 인용함.

전단지맨

달려가는 속도에 제 생을 더하며
네모난 표창을 던진다

낮게 깔려가면서도, 정확히
손가락 마디에 끼워진 찰랑거리는 촉감

목표물에 꽂히는 타이밍은
앞으로의 남은 노련함으로 계산된다

이미 동굴엔 포식자가 남겨놓은
오늘의 벽화가 전시 중이다

연소되는 50cc 엔진처럼 제際를 올리고
빌딩 숲 사이를 집요히 훑어간다

곧 예정될 사냥감의 포획은
전주곡처럼 가볍다

〉

표정 없이 실룩거리는 입가로
불량스런 연초가 시간을 태운다

손목 스냅으로 가볍게 뿌려진
하루 일당과 거래될 무수한 덫

아낌없이 비워낸 그의 주머니엔
얄팍한 먹이사슬이 똬리를 튼다

본헤드플레이bone head play

그 자리엔 욕심이 물컹거리며 자라고 있었어
남들보다 한발 더 앞서기 위해
앞선 주자의 그림자는 안중에도 없었어
홈에서 가장 먼 베이스
바람이 몰고 오는 야수들의 섬짓한 태클과
예리한 눈빛으로 파고드는 마운드의 견제
하지만 누구보다 귀가를 서두르기 위해
보다 안락한 내 집만의 행복을 위해
거침없이 마구 달려들었지
그래, 확실히 그 자리엔 욕망이 꿈틀대고 있었던 거야
이미 홈으로 들어갈 주자는 제 차례를 기다리고 있었어
하지만 난데없는 스파이크의 맹렬한 기세에
생의 이웃을 문득 염려하였지
저만 살려고 부릅뜬 눈동자엔
더 이상의 이웃을 발견할 수는 없었어
어쩔 수없이 떠밀려야 하는 발걸음
곧 일어날 비극은 그라운드에 박혀있는

잔돌처럼 도드라질 수밖에 없지

* 본헤드플레이는 야구 경기에서 실수를 범하거나 경기의 흐름을 읽지 못하는 미숙한 플레이를 말함.

삼성관 졸업기

짜장면이란 이름을 다시 되찾던 날
중국집 테이블에 앉아
철 지난 드라마를 젓가락으로 훔칩니다
새로 산 넥타이를 유년의 끝자락으로 젖히고
후루룩거리는 소리에 맞춰
어느 초등학교의 졸업식 풍경이
몇 가락의 면처럼 펼쳐집니다
먼지 풀풀 날리는 운동장은
먹을 것 없는 동네를 향해 꿈 많은 소년을
대처로 내보냈고
마악 단무지를 노랗게 씹는 동안
벌써 자란 한 사내가 나타나
다음편 예고를 견인합니다
따뜻한 엽차를 마시며
짜장이란 말을 다시 굴려보다가
그 인물이 매번 졸업 때마다 먹었을
짬뽕과 볶음밥이 메뉴판에 있다는 것을

발견합니다
목안엔 분필가루가 쌓여 답답했지만
어머니 손에 이끌려 먹어 본 그 불맛은
영원히 잊히지가 않습니다

티눈 뽑기

언제부턴가 손가락 마디 사이로
깊은 슬픔이 옹이로 자리했다

차츰차츰 시큰거리다, 결국
똬리를 틀었다

살아낸 지문의 지형이
뭉툭, 교환되고
꺼끌거리는 마찰음에 옆 사람과의
화해도 시도치 못했다

황급히 몰약으로 치유를 기도했지만
돌덩이 같은 차가움만이
퇴적되어 갈 뿐

그리고 그때 알았다
슬픔은 더 큰 아픔으로

퍼내어야 하는 것을, 이빨은
얼마나 견고해야 하는지를

한 방울 눈물 내리지 않는
패인 구덩이 사이로
더 깊은 전생前生이 차오르길 바라며

물을 노래하다
– 오정환 시인을 기리며

저 시원始原의 끝에서 들려온 운율이
흰 구름으로 형상화되어, 마침내
한 방울의 물로 함축되었다

슬쩍 지상을 넘보며
추락할 지점엔, 이미
생명의 움은 예비되었다

연하디 연한 대지의 속살에
새로운 인과 연을 엮게 한 당신은, 바로
물을 떠받치는 네 개의 기둥이 되었다

늘 단아한 자세로 생에 뿌리를 내린
걸레질 같은 자세로 시어를 닦던, 그 미소는
행간의 온화한 여백이 되었다

고요한 물빛으로 번지는 동심원처럼

이웃 사이로 녹아 흐르는 시심詩心은, 그리고
당신을 지탱할 영원한 힘이 되었다

들었던 술잔과 절제된 언어들은
더 낮은 곳으로 향하여, 상처 난
모든 것을 품는 강과 바다가 되었다

어디로 가야할 지를 예감한, 다시
처음으로의 관성에 철저히 순응한 당신은
이제 물이 되었다, 물이 곧 당신이 되었다

제2부

초량, 소녀 앞에 서다

밀봉된 역사가 천 번의 외침으로
물의 날, 단발머리 소녀로
환생하였다

맨발의 울음을 삼키고 별이 된
하얀 적삼들은 갈 곳을 몰라
늘 뒤꿈치를 들었다

숨소리조차 유배되는 이 땅의
조직적인 난청에
낡고 여윈 그림자

노랑나비만이
생을 건너 뛸 날갯짓으로
곧잘 피어올랐다

현해탄이 몰고 오는 비릿한 바람
소스라칠 듯 이곳, 초량의

붉은 깃발을 요동치게 했다

제국의 부활이 망령처럼 떠돌고
눈 먼 자들의 맹신적 제의가
흉물스럽게 방치되곤 했다

그럴 때마다 방년의 세월만큼
두 손을 꼭 쥔 채, 오롯이
시대의 화두를 정면으로 붙잡았다

불온한 왼쪽 어깨 위론, 이미
진실을 타진할 새 한 마리가
신에게 준비되었다

다만 비워 놓은 옆자리엔
그때 그 소녀들이 흔들림 없이
배심원으로 앉아 있었다

사드, 그리고 Donna Donna

1.
별고을에 별이 사라졌다
마을 사람들은 매일같이 어둠을 파내고
손톱만 한 빛이라도 발굴하려 했다
아이들도 주술처럼 하얀 도화지에
알타미라 동굴 속 벽화를 그려내었다
여전히 하늘엔 헬기가 전쟁을 실어 나르고
태평양을 건너온 불법들이 처녀지를 점령했다

2.
일흔을 넘긴 그녀의 노래엔 힘이 도사리고 있다
약자엔 한없이 따뜻하고
절대 권력엔 늘 전복을 꿈꾸는 차가움이
선율을 타고 매혹적으로 울렸다
꾸밈없는 그녀의 목소리는 대륙의 양심을
거리와 광장으로 내몰았고
더 큰 노래로 모여 역사를 저울질했다

〉

3.

'나는 음악만으로 충분하지 않아요.
전쟁터에서 생명의 편을 들지 않는다면,
그 모든 소리가 아무리 아름답다 해도 소용없죠.'
소성리 그녀들은 여전히 치켜세운 주먹을 놓지 않았다
저 낮은 곳의 한 떨기 꽃마저 시들지 말아야 하는 것이
별을 찾아야 할 별고을의 이유였다

4.

'행동은 절망을 없애는 해독제다'

* 인용된 부분은 반전과 평화 그리고 인권을 노래한 미국의 포크가수 존바에즈(Joan Baez)의 말에서 따옴.

임랑 벽화마을

– 앤의 마을 이야기

백사장에 맞닿은 야트막한 담벼락엔
빨강머리 앤이 살고 있어요
두 갈래로 땋은 순하디 순한 마음은
빼빼마른 햇볕에 새까만 주근깨로 드러나죠
동심으로 채색된 수풀을 마주하며, 쉴 새 없이
바닷물이 말을 걸어와도 파랗게 수다를 떨죠
이웃집 돌고래가 수평선을 향해 가출을 시도해도
꽃씨를 품은 화분에 물주기는 잊지 않고 있어요
환하게 소리 질러 웃는 해바라기는
그녀가 살고 있는 이곳 마을의 정령이기도 해요
건너편에 잿빛 묵직한 돌이
죠시 파이의 독설처럼 버티고 있어도
뱀처럼 드리운 철탑들이 달콤한 유혹을 해도
앤의 얼굴색은 변함이 없어요
동화 속엔 결코 나오지 않을 법한 낯선 말이
이웃나라에 잔혹한 결말로 구전되어도
옆집 전설의 4인조 밴드는, 여전히

Let it be를 부르고 있어요
사랑하는 팬으로부터 몇 발의 총탄세례를 받은
존 레논이 마이크를 들고 있어요
전봇대 사이로 횡단하는 붉고 푸른 감상문들이
연신 비릿한 바람에 부대끼고 있어요
이제 앤의 그 용감하고 씩씩한 성장통이
펼쳐질 날을 손꼽아 기다리고 싶어요

유감有感

그녀가 손에 들었던 것은
깃발이 아니다

관절이 꺾이고 앳된 손톱이 뽑히는 극한에서도
놓치지 않은 것은 깃발이 아니다

아우내 장터에서 부모가 참살되는 모습을 지켜보며
한恨으로 품었던 건 정녕 깃발이 아니다

열 번의 강산이 바뀌고 진실로 이 땅의 주인이
손에 움켜쥐어야 할 그것,

한쪽으로만 주름진 손아귀에 붙잡힌 것은
태극기가 아니다

소리 없는 고함이 무성하고 제때의 끼니만 쫓는 무리에
꽂혀있는 건 태극기가 아니다

〉

광장 복판을 점령하고 서성거리던 하얀 그림자들에
들렸던 건 결코 태극기가 아니다

막 세안을 마친 지난 몇 세기의 장군이
가만히, 그 아래 광경을 지켜보고 있다

라면論

양철처마의 빗소리가 끓는점이 되어
가난의 식욕을 자극하던 장판 위로
마분지보다 두껍게, 슬쩍
시집 표지表紙가 보시를 한다
시대를 달구었던 한 노래의 뜨거움이
더한 뜨거움을 받아내는 순간
양은냄비엔 굽은 길들이 숨어있다
바라는 대로 풀리지 않는, 그래서
약간의 비겁이 면발들 사이로
짠하게 배어든다
휘이―휘이 저어도 젓가락으론
감당할 수 없을, 미로 같은 원죄가
옥탑방 골목처럼 꼬들꼬들하다
'곧은 소리는 소리이다'
이 한 줄의 詩를 간음하며
자유로이 낙하하는 계란 노른자의
혁명을 꿈꾼다

보안등 불빛아래, 낮술에 취해 걸려있는
주인집 아재의 고함과
징징대는 딸아이의 울음이
냄비뚜껑의 달그락거림으로 다가올 때
한 줄 한 줄 건져 올린 그 맛엔
엷게 저민 습기가 묻어난다
여전히 비어있는 밥그릇, 총각 무 같은
고향의 그 발그스름한 노을로
슬그머니 입맛을 마무리 한다

* 인용된 부분은 김수영 시인의 시 '폭포'의 한 구절임.

부암역

빛 발한 네온사인을 위해
값싼 말투와 본능이
자본으로 덧씌워지는 원심을 향해
지독히도 땅 밑을 환승하며, 아래로 아래로
파묻혀가는 것을 감내해야 한다

한 끼의 밥과 교환할 노동은
끊임없는 무표정과 침묵으로 재생되고
레일 위의 불규칙한 일상으로
낯선 서로의 얼굴을 비춰보며
거대한 고대의 무덤이 발굴된다

개찰구 저 벽 너머로
엷은 향내와 둔탁한 곡소리가 수런거리고
눈높이로 가로지르는 주검이 누워
매번 스칠 때마다 이곳은, 순장될 듯한
전생의 기억으로 떠오른다

〉

햇빛은 광합성을 하는 무리들에 유효하고
낙하하는 빗줄기에 몸을 정화할 기회는
기득의 울타리에 한정되지만
오늘도 살아남아야 할 당위當爲 앞에
생과 사의 거리는 너무도 짧기만 하다

안심료, 편백나무

순이 돋고 매번 새잎이
황금 같은 굳은 맹세로 지금까지
지켜져 오고 있다

주위의 나쁜 기운에 대항하며
끊임없이 단말마적 숨을
뿜어내고 있는 것이다

지리산에서 흘러나와 봉명으로 자리한
수많은 군사를 거느리는 절집, 그 옆으로
가부좌를 튼 만당卍黨의 주인이
이순의 나이에 나무들의 이력을
몸으로 밝혔다

척박한 땅에서는 홀로 서야 한다고 그 누구도 도움을 주지 않는 시대의 그림자를 밟고 앉아 어느 글쟁이의 소설적 모티프가 된 소신공양燒身供養의 얘기로 중생을 하화

下化하려는 세존의 손가락 모습이 현현되고 있다

낮은 단층의 요사채 대청마루로
불어오는 바람의 증언, 결코
스러지지 않는 선사의 눈빛이
가지 끝마다 형형하게 촉지觸地 중이다

* 안심료는 경남 사천 봉명산자락의 천년 고찰 다솔사에 있는 요사채로 만해 한용운 선생이 '독립선언서'의 초안을 작성했으며, 김동리의 소설 '등신불'이 집필된 곳이기도 하다.

탈출기脫出記

호롱군, 그대가 8년을 기거하다 좁은 벌판을 두고 탈가脫家한 이유에 대해 사육사는 비밀의 문처럼 잠시 침묵을 했네 초원을 가르며 그 바람의 점도를 털 하나하나에 새겨 넣을 유전자는 이미 태동을 했지만, 자네는 단 한 번도 그 야성을 드러내지 않았네

여러분, 쉼 없이 달려본다는 느낌은 제 전생에서의 일일 듯, 늘 어슬렁거리는 창살 안이 세상의 전부였어요 제 고향은 도대체 어딘지, 밤마다 몇 번의 울음으로 어미에 대한 생각을 달래야 했어요 마침 그날은 여느 날과 다르게 문고리가 삐걱거려 잠시 발을 내놓으려는 찰나 몸이 반응을 시작했어요

호롱군, 자네가 딴 세상을 발견했을 때, 그땐 물려받은 유산을 유감없이 발휘해야 했었네 약간의 두려움은 더 큰 용기를 견인하는 창槍과도 같네 자네가 인근 배수로 근처 작은 종이박스에 몸을 움츠린 것은 그야말로 패착이었네

〉

그래요 여러분, 처음으로 무릎연골이 부딪치며 네 발을 동시에 놀리는 기분은 정말 묘했어요 하지만 혼자 어디로 가야 할지 순간 낯선 공포가 내 몸을 물어뜯었고, 게다가 날아온 비난들에 깜짝 놀라 마구 달아나기 시작했죠 그때부터 사람들의 발자국소리와 사냥개들의 거친 호흡이 쫓아왔고 마치 세상 종말이 온 듯 재난 신호들이 저를 괴물로 만들어 버리더군요

그래 호롱군, 자네 얘길 들으며 그때 그 마음 조금은 이해할 것 같네 차가운 철창에서 태어나 결국 차디찬 화물차 짐칸 위로 널브러진 그대의 생을 온전히 지켜보며 그네 시간의 대가는 참으로 혹독했네 인간들 역사에 오르내리는 '自由'라는 말을 새삼 떠올려보네 진정 다음 생은 넓디넓은 들판에서 잔돌들을 깨우는 포효咆哮로 거듭나길 바라네

진혼을 위한 서곡

– 괭이바다

밤마다 바람이 불면
고양이 울음처럼 다가오는 붉은 꽃잎들이
세찬 물결 속으로 넘실댄다

달도 눈을 감아 버린
그날의 학살은, 끝끝내
피비린 슬픔으로 유전되었다

해방의 기쁨도 가시기 전
낯설은 총탄이 몰고 온 복선은
수없는 그림자들을 묶어놓았고,

누구에겐 아비요, 남편이며
이 땅 우리의 아들들 가슴으로
시커먼 구멍 하나가 뚫리고,

그 속으로 훤히 보이는

피붙이의 단말마적 그리움이
소금기 가득한 자리로 매장되었다

돌아올 수 없는 먼 길을 따라
하염없이 짚어온 낡은 달력에
젯밥 한번 제대로 올리지 못한,

매서운 계절들이 끊임없이 피었다 지고
그날의 이유를 추리할 흔적마저 사라진, 이제
질긴 분노만이 살아남은 자의 몫이 되었다

바람 부는 밤이면 괭이바다에
다시 쓰여야 할 역사가
거대한 제단으로 붉게 소리치고 있다

현무암 각질 서비스

가지 말아야 할 길을 걸을수록
아래로 아래로 퇴적되는 낯두꺼움, 이제는
그 관성으로 통증마저 빼앗겨버린

닿지 않아야 할 곳을 밟을수록
밑으로 밑으로 몰려오는 묵은 마음, 결국
그 관행에 부끄럼마저 실종돼버린

훌러덩 맨살로 대면하는
욕탕의 전신 거울 속으로
나의 발바닥을 비벼대는

세월의 앙금 다 풀어내지 못한 섬, 용머리해안
좌판에서 칭얼대는 돌 하나가
무사히 뭍으로 상륙하고

그날따라 비바람에 구멍은 더 젖었지만

교실 밖으로 나온 아이들은 즐거웠고
또 다행히 이렇게 살아남아

요리조리 벗겨지지 않는 지독함이
폭발한 화산, 4월의 그 울음이 멎은 틈 사이로
마침내 시원하게 휩쓸려오고 있다

불턱 방담放談

서로의 심장에 총탄을 재던 그해 六月, 고향 갯가로 끌려나온 무수한 유령들이 광목천에 묶이어 역사 저편으로 수장되었다는 어른들의 음계 낮은 목소리를 들으며
문득 남도의 외로운 섬 하나가 떠올랐다

그 총알이 왼쪽 눈에 깊은 슬픔으로 커져, 三月의 차가운 물 밖으로 떠올라 증인으로 서자 고향의 수많은 발자국들이 거리거리에 찍어놓은 분노를 활자로 읽으며
그 섬마을의 하도리가 생각났다

한 치의 틈도 내주지 않은 고향의 날선 목소리 속에, 태어나 단 한 번도 바뀌지 않은 사진 속의 인물을 용의자로 지목하자 낯선 국방색 표지들이 두더지처럼 十月의 마음을 도굴하는 장면을 눈으로 지켜보며
그 하도리의 불턱이 자꾸 스쳐갔다

골다공증을 앓는 아낙들의 숨비소리가 쌓아올린 부도,

〉

매일같이 저승의 문턱을 닳아 없앤 물질을 제쳐두고

한지보다 메마른 젖가슴을 아이에게 물리며

한라에서 불어오는 四月의 냉기어린 들숨마저 화톳불로 이겨내는

영원한 어머니의 자궁과도 같은,

뼈무덤

– 그날, 여양리

비는 끊임없이 개토를 요구했다

반백 년 넘게 봉인된 진실은
금기와 다름 아닌 동의어로
마을 뒷산 골짜기에 팽개쳐져 있었다

큰비는 그날의 날조된 지문을 지우려 했다

한때 식민치하의 폐광 속, 비릿한 생들은
또다시 유전되어 붉은 울음으로
매캐한 화약내를 웅시하고 있었다

학살이 시작된 그날도 비가 내렸다

눈먼 이데올로기에 줄줄이 묶이어
이름마저 호명되지 못하는 자리, 지켜 줄
그 어떤 배심원도 존재하지 않았다

〉

총소리는 하늘에 큰 구멍을 내었다

억수같이 쏟아지는 빗물에 섞여
허연 광목천은 속절없이 무너지고
핏빛 기억들은 이승을 떠나지 못했다

도둑마냥 세월이 숨어 지냈다

웅크리고 보듬은 뼈 마디마디엔
그날을 증언하지 못한 녹슨 혀와
깨진 안경 하나가 둥글게 발견되었다

그날의 꽃무릇들이 하염없이 비에 젖고 있었다

임진강

태풍의 끝자락을 밀치며 찾은
임진강의 물은 하늘을 닮아 있었다

골절된 다리는 다시 이어지고
누군가 잘라놓은 깊은 경계는, 이미
탈색된 이념으로 자리했다

문득, 어느 老시인의 일갈이
먹장구름을 뚫은 햇살로 반짝여온다

그간의 무수한 시간 속에, 바람은
끊임없이 철조망을 흔들다 생채기가 나고
피우지 못한 꽃들은, 애써
울음으로만 삭히고 말았을 터

아비는 전쟁 통에 왼쪽을 돌아봤다는 이유로
행방이 묘연하고, 어린 가장이 된 생은

한 편의 詩마다 그때그때의 날짜를 박음질하며
그 그림자를 매번 확인했다는

'택시 불러라, 평양 가구로'
고향 하동의 막걸리 냄새 찐득이 묻어나는
고함소리가 시인학교 벌판을 쩌렁쩌렁 울리던
큰 키에 백발이 성성한 그 여름날

임진강은 다시 흐르고
老시인은 가고 없지만
북으로 가야 할 그 마음, 한줌 재로 남아
여전히 기슬러 오르고 있다

둥근 만남

– 널문리 주막마을에서

굳게 닫힌 빗장문이, 마악
열리는 순간이다

한 발 한 발 내닫는 발자국의 보폭만큼
서로의 마음속 앙금도 지워져간다

65년간 봉인된 금기의 역사, 날선 이데올로기는
피의 논리 앞에 무장해제 되고 있다

반도를 가르는 무서운 광풍과 살육의 좌표는
DMZ로 기록되어 오늘을 기다렸다

만나야 할 이유와 간절함은
애타는 마음으로 찾아왔다

한때는 스스럼없이 남북으로 오가던 나그네들이
한 잔의 술잔으로 여독을 풀던 이곳,

〉

서로 명명된 다른 주소들 앞에
'마침내'는 이제 고유어로 자리잡아야 한다

맞잡은 두 손의 손금 사이로, 아슬하게
버텨온 유전자의 뜨거움이 북받치고 있다

초대받지 못한 이 땅의 무수한 영혼들이
둥글게 모여앉아 기억해야 할 이곳,

2018년 4월 27일, 이날은 바로
스스로 문을 열어젖히고 담장을 허물어야 할 첫날이다

제3부

집
- 금곡동 아파트

두말 할 것도 없이 평지다

산 언저리에 자리한 옛집처럼
오르막의 숨가쁨이나
위태로운 내리막은 전혀 없다

흰 눈 때문에
이삿짐을 꾸린 트럭의 바퀴가 헛돌아
마음 졸일 필요도 없다

어린 딸아이가 넘어져
부러진 이빨 조각을 시멘트 바닥에
흘려 놓을 이유도 더 이상 없다

슈퍼나 세탁소 혹은 미용실을
가볍게 들락거릴 수 있는 여유,
낙동강을 펼쳐 두고

자전거 페달을 밟는 주말 오후의
풍경도 인화할 수 있다

짙은 풀내음과 뻐꾹새 울음은 없지만
네온 불빛 숲으로, 갈 곳은
쉽사리 많아졌다

여긴 누가 보아도 평지다

하지만 나는 여전히
광장으로 가보진 못했다

공중부양사
– 금곡동 아파트

토요일, 제법 푹신한 침대는
지난 주 노동의 보상으로

달콤하다 못해 살짝 볼륨을 높인
브라운관의 환청 속으로

무언가 검은 물체가
아파트 베란다의 창문으로

한 가정의 웃음이 모두 추락한
아침햇살에 찡그린 망막으로

바람에 실려 흔들리는 생의 밧줄
절대 끊겨서는 안 될 마음으로

소스라치듯, 자는 아이들을 챙겨보며
공중에서 부양하는 그 몸짓으로

〉

오늘 하루를 기어이 살아내야 할

경계
– 금곡동 아파트

고당봉 금샘이 넘쳐흘러
해지는 곳으로 이르는 대천천을 끼고
남과 북은 나뉜다

쉽사리 건널 수 있는 다리의
저 끝과 끝의 이름은 서로 다르다

콘크리트 평수와 교환가치는
애초부터 달랐다

아이들 머릿속에도 전생처럼
경계가 지어졌고, 또 경계를 했다

내가 자는 머리맡은 당연히 남쪽을 향했고
집 이름도 그쪽을 본 땄다

누구나 밤마다 산책을 하고

하얀 달이 뜨면 삼삼오오 몰려드는 대천천, 그 경계에
한 건물이 자리해 있다

잿빛 가사를 입은 꼭대기 층의 사내와
그 아래층 로만칼라의 사내가 동거를 한다

음력 4월의 크리스마스 트리와 양력 12월의 연등이
1층의 다이소 불빛처럼 환하다

낙동강 성형일지
– 금곡동 아파트

시술은 계속되었다

미끈한 종아리와 일자로 뻗은 각선미를 위해
포크레인 굉음과
덤프트럭들이 진을 쳤다

매일 아파트 베란다로 보여지는 메스질은
갈수록 날카로웠다

옆구리로 밀린 곡선의 살들이
선을 잰 듯 잘려나가고
반듯한 이목구비를 위해 더욱더
뼈를 파내었다

환자의 부작용에 대한 사전공지는 없었다

아름다움에 도취된 기세는

수없는 광고와 자본으로 덧칠을 하며
본래의 유전자를 망각해갔다

중독은 스스로 이겨내지 못할 한계치에서
몸살을 앓았고, 곪아갔다

물음표들이 부표처럼 떠다녔다

난민이 되던 날
– 금곡동 아파트

몇 날 밤 침대 머리맡으로 파도가 출렁였다
동그랗게 엎드린 채, 밤을 지우는 바다의 훌쩍임이
그칠 줄 모르는 이명耳鳴으로 찾아들었다
거친 바람이 불었고 폭우가 쏟아졌던 배 난간의 기억은
마지막까지 놓지 못한 어린 형의 손지문으로 남았다
어젯밤은 몇 번이고 되돌이표를 찍으며
현재 진행형이었다
서로의 온기로 떠돌아다녀야만 했던 운명은
옅은 숨소리조차 허용치 않았고
툭툭, 건드려도 꿈쩍하지 않는 어린 그림자의 질량은
무거웠다
여전히 저 건너편 유토피아를 향해
머리를 두고 있는 쿠르디
몇 날 며칠을 나는 그 자리에 누워, 가만히
쿠르디가 되었다
어느 날 아침 잠을 깨우는 집주인의 목소리가
전화기 너머로 파도처럼 밀려왔다

시를 쓰려던 밤
- 금곡동 아파트

나는 모른다, 아니 보지 않으려 했다
대천천을 끼고 산성 가는 길
타이어 자국이 몇 번이나
앙칼진 빗금을 그었어도
그 보드라운 털빛을 알아보지 못했다
모로 누운 생의 무거움이 얼마인지
입 밖으로 흘러넘친 선혈이 왜 그다지
붉은지, 애써 모른 척했다
창백해진 시간을 당기는 길 위의 바람이
서둘러 귀가를 종용하고
오가는 불빛이 명멸할 바로 그 시간,
나는 여전히 슬리퍼 차림으로 서성거렸고
아내는 기어이 한 주검을 인도로 거두어내었다
딸아이들의 깊은 조문을 뒤로 하고
그날 밤 나는 시 나부랭이 한 편을 써서
제문祭文으로 갖다 바치려 했다

애기소 앞에서
– 금곡동 아파트

불이 났다
부부는 아이를 간절히 원했고
하늘은 그 삼 년의 기약을 어기지 않았다
대천천을 끼고 누운 밤이
황급히 신호를 보냈고
이를 눈치 채지 못한 멸화군들은
좁은 골목길에서 어쩔 수 없이 서성였다
다급해진 나무들은 제 잎으로
요란한 사이렌을 울려댔고
연기는 선녀仙女가 보란 듯
봉수대보다 더 짙게 메아리쳤다
젊은 여인은 울 틈조차 없이
일 나간 남편의 손길을 채 잡기도 전
자궁 속 태아의 모습으로 재가 되었다
아이를 안은 채, 전설과는 다른 결말로
맵디 매운 부고訃告가 이웃들에게 수신되었다
애기소엔 선녀 대신 엄마가

아이와 불에 데인 그 몸을 식히려
홀로 남겨진 지아비를 만나러
수차례 구전되고 있었다

* 애기소는 금정산 아래 대천천 계곡의 소(沼)로 젊은 부부가 어렵사리 천지신명께 백일기도를 드려 얻은 아기가 약속대로 삼 년 만에 빠져 죽었다는 이야기에서 유래된 곳임.

뇌병변복지관
- 금곡동 아파트

세상을 바꾸는 발걸음은
늘 새벽이다

안개가 그림자를 밀어내고
아파트 보도블록 잔돌들이
일제히 눈을 뜨는, 그 길은
수년마다 나에게 열린다

휠체어 문양이 오롯한
광장을 가로질러
새로운 세상으로 기어코 가려는
내 손에 들린 백지수표는
지난밤 간절히 피워 올린
촛불의 양식糧食일 게다

어눌한 말만큼 뒤틀어진 몸이지만
맑게 빛나는 영혼들이 키워내는

희망의 거처, 단 한 번도 혁명을
만들어내지 못한 나의 붉은 도장이
다시 새벽을 맞는다

새로운 씨앗이 마악 발아되는 순간이다

* 뇌병변복지관은 선거 때마다 금곡동 일대 주민들의 투표 장소로 이용되는 곳임.

딸아이와 함께 CGV를

- 금곡동 아파트

딸아이는 강동원을 만나려 했다

비릿한 대공분실의 어둠이 자리한
통로를 비집고
1987년을 찾아가는 유일한 이정표는
핸드폰 불빛이었다

유월의 밀도처럼 메워진 관중 사이로
펑펑 터져나는 최루가스와
부풀어 오른 팝콘이 코끝을 수습하고
눈가에 바른 치약보다 더 쌔한 콜라가
시대를 소독해내고 있다

한 여학생의 손을 놓치지 않고
낯선 골목으로 숨어든
군홧발에 숨죽이며 변소 간에서 떨던
삼십 년 동안의 너덜해진 기억,

한숨으로 매달리는데
딸아이는 아랑곳없이, 연신
그의 숨소리마저 잡아내고 있다

정문 광장에서 마주한 두 시선이
기어이 오버랩 된다

순간 검은 고요가 딸아이를
풀썩 주저앉히고, 그 위로
시차를 달리한 두어 방울의 눈물이
제각기 결말을 적시고 말았다

수정탕에서

– 금곡동 아파트

세상이 모두 그의 왼손이다

한쪽 소맷자락이 유독, 선풍기 바람에
펄럭이는 한 사내
생을 게워낸 묵은 노동들로
뿌연 한증막에 가려진,

등줄기에 흐르는 물기를 닦아야 할
타월이 걸쳐진 옷걸이가 왼손이다
머리를 말리다 떨어진 빗을 서둘러
주워준 내 팔이 왼손이다
스킨을 바르기 위해
끼워둔 그의 무릎이 왼손이다
불안한 단추와 혁대를
기대어 당겨야 할 벽이 왼손이다
이를 하나하나 지켜보던 옆 사람들의
얼굴이 왼손이다

〉

적어도 수정탕에서는
모든 세상이 그의 왼손이다

그 왼손이 세상의 문을 열고 닫는다

목욕탕 옆 김밥집
- 금곡동 아파트

독서실 의자에 붙잡혀 있다가
수제비로 허기를 달래는 딸아이에
아비는 김밥 한 줄을 더 보태었다

서로의 어깨가 연골처럼 부딪히는 자리,
무작정 밀치고 들어와 고집 묻어나는
쇳소리로 주문을 거는 노인들

불조심 마크 선연한 모자 속
땀내가 국물처럼 피어오르자, 배배 꼬인
면발이 태극기마냥 젓가락에 나부꼈다

서로 다름을 모두 붉은 낙인으로 찍어대던,
분노는 배고픈 북쪽의 일용할 양식이 될
쌀 한 톨에까지로 이어졌다

김 속의 밥알을 곱씹다가, 딸아이는

그 빨간 깍두기를 집다 말았고, 아비는
서둘러 잔돈을 지갑에 구겨 넣었다

거리에 찍힌 무수한 발자국, 그 무게와
모양이 각기 다르다는 걸 딸아이는
처음으로 교과서 밖에서 배우고 있었다

명태를 찾아서

– 금곡동 아파트

명태가 낙동강변을 따라
떼지어 남하한다

동쪽 먼바다에서 더 북쪽으로
망명을 서두르던 그날보다
새벽안개는 더 깊다

철퍽철퍽 파도소리보다 푸른
짐차의 밀도 높은 파열음이
그날의 기억을 재생한다

캄차카 반도를 돌아, 다시는
돌아오지 않을 길을 지우고
인연마저 끊은 지 오래

살기 위해 더 차갑게 발버둥 쳐야 했던
전설은 어느덧 멀건 눈빛으로 변해

자본과 곧 거래될 예정이다

붉은 포승줄에 묶인 채
신호등 불빛에 잠시 멈춘 자리, 어디로
끌려갈지는 알 수 없다

다만 가난한 시인의 술안주로
시대의 울분을 얼큰하게 풀어놓은 찌개로
환생을 준비 중이라는 건 안다

강변도로 따라 줄지어
명태가 떠내려간다

* 가곡 '명태'의 가사 한 부분을 인용함.

비데 도서관
– 금곡동 아파트

속엣말을 쏟아낼 자리가 필요했어

매일 매일을 타전하느라 급체한 활자들은
황급히 3층 계단으로 조난신고를 내고
채 농익지 못한 말들은
마악 청소를 끝낸 첫 번째 칸에서
시어들로 마침내 형상화되고 있어

따뜻한 피부의 감촉이 항문을 향해
직설적 말투로 행갈이를 시도하고
시원하게 불어오는 바람은 비루한 단어들을
하나 둘 말리기 시작했어

순간 머릿속을 스치는 낯선 마음은
삐―하는 전자음으로 선연히 이미지화되고
돌돌 말린 원고지의 여백은
다음 독자들의 감상을 재촉하고 있어

〉

은전 한 닢 들이지 않은 이 압축의 카타르시스, 그날은

매번 토요일 아침이었어

풋풋하다, 그 마사지

– 금곡동 아파트

꼭 한 달을 버텨낸 발의 더께가, 비로소
국경을 넘어온 손과 악수를 나눈다

분절음이 손가락마디처럼 꺾이는 인사말에
모처럼 누워 고요를 수습한다

꾹꾹 누르는 좌표마다 꾹꾹 참아내었던
속엣말이 방언처럼 터져나온다

오일을 감싸는 미끄덩한 감성은
며칠째 날선 욕망들을 녹여낸다

쑥스런 오장육부를 찬찬히 훑어가며
마음까지 훔치는 손놀림이 재빠르다

발의 금 하나하나를 펴는 동안, 두고 온
피붙이가 그 틈을 비집는다

〉

하염없이 손금이 지워질수록
용천혈涌泉穴로 통하는 머릿속은 풋풋하다

얼마 전 집근처로 뿌려진 전단지의 유혹에
지폐 석장의 크기로는 미안하다

아파트 숲 사이로 발견된 소도蘇塗, 그 너머로
떡 버티고 있는 팽나무의 그림자가 짙다

토요일의 밥상
- 금곡동 아파트

정오 무렵, 일가족 네 명의 입이 동반자살을 하는 모습을 보았어요.

배가 불룩한 가장 옆에 다이어트로 다져온 여인의 가랑이 사이로 루즈 진한 방년의 딸과 세상에 너무 초연한 막내의 시선이 제각기 다른 방향으로 널브러져 있었어요. 한입 베어 문 햄버거에 서식하던 시간들은 꽤나 컸고, 빨다 만 콜라의 거품은 재빠른 손가락 감촉을 당해내지 못했어요. 환생을 위한 화면의 크기는 비록 작았지만 각자도생各自圖生할 업을 쌓기엔 충분했지요.

그날 저녁, 우리 집으로 부음訃音이 날아들었어요.

네 식구 모두 나란히 앉아 소다수와 부푼 빵에 얹은 쇠고기 패티로 제사상을 차리고 모두 말이 없어졌어요. 병풍처럼 두른 화면에 던져진 눈길은 너무도 길었고, 종이컵 안의 냉기가 혀에 돋친 가시를 내치기엔 역부족이었어요. 어색하게 눈을 맞추고 서로의 촉감을 도모하기엔 리모컨 채널의 숫자가 너무 많았지요.

새벽녘, 아버지가 밥알을 헤아리는 나를 향해 정겨운

구박을 하였어요.

어린동생들은 모두 계란말이에 눈이 가 있고, 서로의 침이 묻은 숟가락은 끊임없이 양은냄비를 들락거렸어요. 청바지를 산다며 슬쩍 용돈을 질러 부르는 목소리에 시험이 코앞이라는 엄마의 잔소리는 어느새 반찬이 되어갔어요. 멋지게 시거를 문 서부의 총잡이가 악당을 물리치는 영화가 시작되는, 그 토요일의 밥상은 참으로 둥글기만 했지요.

제4부

6시 내고향

– 금곡동 아파트

아이들은 학원으로 떠났고
아내는 아직 돌아오지 않았다

어설프게 드러누운 침대 위로
시침이 한 바퀴 돌기도 전
낙동강 건너 항구의 소식이
앓는 소리로 고막에 아른거린다

'불종거리 코아양과 쪽 시위에 몰려든 인파로
도로가 매우 혼잡하겠습니다'

태산왕만두의 황홀한 유혹이 어린 잠을
깨우던 아버지의 술기운이 훅 그리울 무렵

'부림시장 쪽 입구 1톤 트럭 고장으로
2개 차로 중 1개 차로를 통제하고 있습니다'
〉

연이은 엄마의 손때 묻은 바구니 속 양말 한 짝이
먹자골목 단골집 우동 한 그릇으로 울며 조를 때

'신마산댓거리 교차로에서 차량증가로 인해
지체와 서행이 반복되고 있습니다'

할아버지와 할머니 또 아버지까지 기어이 배웅한
월영고개 너머로 무학산이 저만치 등을 도닥거릴 즈음

여전히 아내도 아이들도 돌아오지 않는
지천명의 아직 환한 6시, 내일의 노동을
홍건한 땀으로 추스르고 있다

분리수거를 하며
– 금곡동 아파트

비는 내리지 않은 지 오래다
별빛은 마른 먼지 속으로 숨고
늙은 감나무 그림자 하나가
시멘트 담벼락에 매달린다
푸석한 바람은
다가올 계절을 점치지 못하고
하늘을 향해 기도 중인 가지엔
펼치지 못한 우산 하나가 걸려있다
집집에서 가출한 쓰레기 더미는
젯밥처럼 차려지고, 그 위로
제문祭文을 읽는 고양이의 울음이
지난가을 열어보지 못한
붉은 마음을 매달고 있다
현관 게시판에 나붙은 노인은
도대체 돌아올 줄 모르고
가로등 바닥은 좀체 환해지지 않는다
비는 여전히 오지 않고

우산도 펼쳐지지 않고
남쪽 위도 아래, 거대한 폭풍이
몰려온다는 소식만이 전파를 탄다
잠옷 바람의 나는, 서둘러
집으로 대피할 궁리를 한다

냉탕에서, 정대현 시인의 유작

– 금곡동 아파트

그가 풀어놓은 물은 찬 이미지다
모두가 꺼려하는 욕탕은
한동안 행간의 여백으로 남아있다
여태껏 꼿꼿하게 서 보지 못한 생이
더욱 웅크리며 가슴을 움켜잡았을 역설이
급하게 물결로 밀려온다
어눌한 말투는 뿌연 김 속에
명징한 시어로 형상화되었다
허름한 치킨집의 기름내와
시큼한 무들이 습작되어
고스란히 원고지에 수장될 때도
귀가를 서두르던 금곡대로에서, 이를
바람에 몽땅 도둑맞던 알레고리도
이제 마침표 앞에 서성거린다
산모의 진통처럼 경광등이 찾아오고
태어날 그때 그 몸으로 떠나간
그 길을 낭독해 본다

물기들은 뚝뚝 바닥을 떠다니고
다시 한번 냉탕에 입수를 시도하며
향초보다 더 피어오르는 시혼詩魂에
순간, 숨이 막혀온다

퇴근길에서 하굣길까지

– 금곡동 아파트

눈이 풀린 달이
분필로 퇴적된 하루의 흔적을
하나 둘 수습할 무렵
핸들 잡은 손은 가볍게, 마악
흘러나온 노래의 배후를 탐문한다

곧 다가올 깊은 터널 속으로
'밤하늘 별을 세던 그 시절 가버렸어도'
어깨에 지고 나르며 생의 앞날을
조율하던 책가방의 무게가
콧노래로 저울질 된다

창가에 기댄 머릿속엔
온종일 쥐어짜낸 굳은살이
오로지 따뜻한 구들목을 찾으며
유일하게 자위하던 노랫말로
매일 밤 주문呪文처럼 구술되었다

〉

그때의 불안정한 음정처럼
'철없던 어린 시절 덧없이 가버렸어도'
순간, 터널 속 수신되지 않던 시간들이
마지막 한 치의 오차도 없이
립싱크 되며 불려졌다

'내 가슴에 남았네, 아픔처럼 여울지면서'

* 인용된 부분은 1984년 MBC대학가요제 대상곡인 이유진의 '눈물 한 방울로 사랑은 시작되고' 가사의 일부분임.

사각사각 이야기

– 금곡동 아파트

해질녘 한 아이의 둥근 마음을 받았다

교무실 책상 위로 열대야가 확 풍기는 한 모금 과육을 아껴 집으로 데리고 갔다 사각의 자동차에 태우고 차선을 질주하다 각진 경적을 울리며 사각사각, 핸들은 그 아이 마음 같았지만 어느새 각진 아파트주차장을 몇 번이나 돌다 사각사각, 사각의 엘리베이터는 버튼을 놓친 대가로 꼭대기 층에서 내려올 줄 몰라 사각사각, 기어이 사각의 현관문으로 입성하여 욕탕거울 속으로 비친 각진 얼굴을 지켜보다 사각사각, 사각의 TV화면보다 더 크게 위층 거실에서 쿵쾅거리는 소리에 사각사각,

잠시 식탁에 앉아 그 아이의 마음을 마침내 마저 읽어내었다, 달콤하면서도 시원한 그 동글동글한 맛을

천국을 줍는 노인

- 금곡동 아파트

율리역 지하도 입구
저만치 멈칫멈칫, 허리를 숙이며
엉금엉금, 낮은 자세로
하나 둘, 무슨 보물이라도 찾듯
보도블록 틈새로
부풀려진 쓰레기통 아래로
질주하는 굉음에 나뒹구는 도로 가에서
줍고 있다, 차곡차곡
서둘러 가야 할 뒷사람에, 아랑곳없이
행인들의 발자국마저 찍혀있는
하지만 단호하게 버려진
유통기한도 통하지 않을 전단지를
다시 건네고 있다
머뭇거리는 나의 손에 맡겨진
영생으로 가는 설교 문구가 선명한
노인의 마음은, 이미
하늘나라에 닿고 있다

카세트테이프를 기억하다
- 금곡동 아파트

십 년이 다 된 중고 자동차에
이십 년이 된 낡은 테이프가
붙들려 있다
칠십 년대 서정이 마지막으로
울려 퍼진 지하 주차장 이후로
열 달을 채워도 미동이 없다
늘 다니던 길
늘 누르던 버튼에도
좀체 응답을 하지 않는다
질주하는 오토바이에 날리는 콧수염만큼
한 잔의 자유를 갈구했던
호쾌한 목소리는 사라졌다
불 꺼진 창의 잊혀진 사랑을 위해
끝없는 세레나데를 바쳤던
시대의 청춘도 봉쇄되었다
오십 년이 다 된 몸뚱어리가
습관적으로 소환한 유년의 추억,

낡은 나 속에 갇혀
소리 없이 순장되었다

지하 주차관리인 K씨에 관한 고찰
– 금곡동 아파트

모처럼 모두 얼굴을 맞댄 그날
밥솥의 불이 텅 비어있다

주차장을 빠져나와 주차장으로
지하에서 다시 지하로 서둘러 잠입을 한다

온종일 어둠을 지키고 부리던 그가
급히 숟가락 놓은 손으로 불빛을 막아선다

그 뒤론 시큼한 김치와 까만 콩자반이
누런 쌀밥으로 도포돼 있다

그의 눈은 이미 퇴화되어
오히려 어둠에선 환하다

오늘 아침에도 그는 분명 지하철을 타고
또 지하도로를 건너 이곳으로 이주했을 것이다

〉

그가 그린 동굴벽화엔 무수한 사람들이
땅 위로 붙들려 올라가는 그림으로 가득하다

아메리카 들소의 뼈다귀와 살점을 태우는
연기가 매번 방부처리 되곤 했다

그는 여전히 육식을 즐기지 못하는
선사시대인으로 머물러 있다

진화를 거듭한 나는
자꾸만 눈이 멀어갈 뿐이다

동경횟집 전어

– 금곡동 아파트

정확히 밤 열시에 가을은
고소한 푸른 맛으로 찾아온다

수족관에서 도마 위로
새파란 지폐 한 장에
생과 사는 일렬로 놓인다

뜰채에 걸려온
찰나의 버둥거림은, 이내
날카로운 금속성에
한 팩의 도시락으로 순장된다

명멸하는 신호등 앞
싱싱함으로 갓 교환된
나의 살을 오물거린다

한 점 그 맛을 느끼며

출렁, 한 생을 횡단한다

수능감독 날의 명상
- 금곡동 아파트

소변을 보다 마지막 한 방울의 뜨거움이
가랑이 사이를 타고 흘렀다
낡은 살결 위로 섬뜩함보다 더한
찰나가 여백처럼 머무르다
무릎 언저리에서 침묵했다
나이테가 한 줄씩 머릿속에 그어질 때마다
미련이 더해지는 탓일까, 버려야 할 것을
제때 버리지 못하는
노욕老慾만이 혈관 속으로 쌓여간 탓일까
마지막 교시를 남겨놓은 낯선 학교의
화장실 너머, 우리 집 베란다의 새하얀
빨래가 성큼 펄럭였다
침이 마를 긴장과 조바심이, 곧
우리의 역사처럼 죄어오고
결코 윤리적이지 못한 사회와 문화가
복잡한 지리적 특성 속에 정답을 요구하는 4교시,
분수처럼 솟아올랐을 이십 대의 혈기와 정의를

하나하나 밟아온 지난날의 계단을 조심스레 오르며
곧 베란다 건조대에 걸릴 나의 마음 한 장을
곰곰이 만지작거린다

여기, 지금의 행복
– 금곡동 아파트

언제 들려올지 모를 집주인의 목소리에
유목遊牧을 해야 할 긴장감이 있어야 해
매일매일 출근길에 화들짝 끼어드는 차 뒤꽁무니의
놀람도 있어야 해
분필가루 묻어나는 고함에도 달콤한 잠을 챙기는
반 아이들 넉살도 있어야 해
음식물 쓰레기를 버리지 않는다는 마누라의 역정과
수능을 앞둔 딸아이의 짜증은 덤으로 있어야 해
월급이 찍힌 다음날 지치지 않고 증발하는
통장 숫자들의 나열도 있어야 해
늦은 귀갓길 요행히 찾은 주차공간에 선을 넘겨버린
이웃 얌체들도 있어야 하고
또 하루를 송출하는 브라운관 속 찌질한 위정자들의
코미디도 있어야 해
보고 싶지 않은 것을 미세먼지처럼 화면처리해 줄
낡은 눈동자도 있어야 해
남의 시를 엄정한 잣대로 침 튀기는 한 젊은 평론가의

오독誤讀도 있어야 하고
가끔씩 아주 가끔씩은 내 글을 알아주는
청탁의 반가움도 있어야 해
돌아가신 아버지를 생각하며 통화한 고향 엄마의
짠한 잔소리도 있어야 해
변함없이 위층의 쿵쿵거림으로 찾아오는 주말의
설렘도 있어야 하고
유니폼으로 갈아입은 일요일 아침 멋진 안타를 꿈꾸며
마시는 자판기 커피의 단맛도 있어야 해
그리고 하늘의 명을 안다는 그림자의 온갖 세레머니
마땅히 받아줄 그런 홈이 있어야 해

해설

금곡(金谷), 세상에 없는 마음

박형준(문학평론가, 부산외국어대학교 교수)

시는 언어예술이다. 인류 보편의 가치를 미적 표현을 통해 정초하는 것은 '예술로서의 시'의 분명한 사명이다. 그러나 이는 속류 모더니즘 문학에서 주창하는 형식미학적 쇄신만으로 이루어지지 않는다. 기득권의 언술체계에서 벗어난 언어적 용법과 새로운 미감을 발견하기 위한 노력은 중요한 시적 과제이지만, 시기 현존하는 사회적 의제와 동떨어진 낯설고 이질적인 감각의 발명에만 골몰하는 것은 곤란하다.

그러므로 시는 언어예술의 한 장르이자 생활양식의 표현이 되어야 한다. 시를 정교하게 연마된 언어적 표현으로 제약하지 않고 라이프 스타일의 표상이라 공식화할 수 있는 까닭은, 시어(詩語)가 개개인의 일상생활을 재현하는 도구여서가 아니라 오히려 일상적 언술체계에서는 발화되지 못하는 목소리를 격발시키는 문화적 사건이기 때문이다. 물론 그것은 현실의 부조리를 예리하게 식별하고 비판하는 역할을 수행한다.

『공중부양사』는 김요아킴 시인의 여섯 번째 작품집이다. 그는 이미 다섯 권의 시집을 발간한 중견시인이다. 『가야산 호랑이』에서부터 『그녀의 시모노세끼항』에 이르기까지, 그의 시작 태도는 한결 같다. 세 가지 측면에서 정리해 볼 수 있다. 첫째, 시인은 일상의 시공간에서 발견한 깨달음과 삶의 지혜를 언제나 소중하게 여긴다. 둘째, 현실과 괴리된 수사적 미감을 얻기 위해 시적 대상과 언어를 추상화하지 않는다. 셋째, 사회적 쟁점이 발생하는 고비와 길목마다, 시인으로서의 현실 참여와 문학적 응답을 회피하지 않았다. 근작 『공중부양사』가 주목되는 이유는, 이러한 시적 특징이 응집되어 있는 동시에, 시인의 철학과 열정이 녹아 있는 텍스트이기 때문이다.

시인 김요아킴에게 시란 무엇일까? 1부에 수록된 「소문의 벽」을 경유하자면, 그것은 '담벼락'과 닮아 있다. 장구한 역사의 흐름 속에서는 기록될 수 없거나, 인간이 차마 발설하지 못하는 말을 끄집어내 새기는 담벼락이다. 물론 시를 쓴다는 것은 단순한 아카이빙 작업과는 구분된다. 시인은 공적 담화의 현장에서 기록될 수 없는 것, 혹은 말할 수 없는 것까지 응시하고 적는 존재이기 때문이다. 아래 시를 보자.

비바람이 물러난 자리에
타이어 자국이 바다로 향해 있었다

안전을 도모해야 할 붉은 비상등이
깨진 잔해로 널브러져 있고
밝게 빛나야 할 가로등은
허리가 꺾인 지 오래다

이른 아침을 해결하려는
편의점 통유리 너머로 비쳐오는
이 미궁迷宮의 풍경들

지난밤의 치매어린 소문들이 하나하나
검은 비닐백에 수거되고 있다

생에 대한 미련을 털어낸
약간의 알코올 수치를, 동시에
날려버린 폭풍 속으로

사건의 지문은 지워지고 있었다

젊은 미화원의 빗질 속도만큼
어제를 마감한 단신短信 뉴스가
젓가락을 집지 않은 손에서 스쳐갔다

다시 햇살이 번지고
한가로이 모이를 쪼아대는
서너 마리 비둘기가 등장하는 데는
한 끼 식사를 하는 동안으로
이미 충분했다

—「소문의 벽」 전문

시인은 매스미디어의 정보체계와 시의 언술체계를 직관적으로 식별하고 있다. 시적 대화란 객관적 정보전달을 목적으로 삼지 않는다. 인용한 시에서 확인할 수 있듯, 뉴스 속 사건은 한 끼 식사를 하는 짧은 시간동안 흘러가 버린다. 저널리즘의 언어는 사고의 발생을 지시하고 공표할 뿐("비바람이 물러난 자리에/타이어 자국이 바다로 향해 있었다"), 구체적인 문제 설정과 진실 규명에 이르지 못한다("미궁의 풍경"). 매일매일 입력되고 전파되는 정보는 폐기물처럼 범람한다. 이와 달리 시적 언어는 사실의 지시나 확정이 아니라, 사건의 배후를 탐구하고 폭로하는 불온한 소문에 가깝다. 그러므로 시라는 텍스트는 진실의 벽보("소문의 벽")와 다르지 않다.

김요아킴에게 '시 짓기(Dichtung)'란 정보의 생산과 유통이 아니라, 세계와 사물을 새롭게 감지하고 해석하는 '다시-쓰기'의 과정이다. 1부에 수록된 「거리1」, 「거리2」, 「전단지맨」, 「본헤드플레이」 등이 대표적인 작품으로, 이들 시는 구체적 경험에서 길어 올린 시어를 기반으로 일상적 사건의 안팎을 상상하게 하는 사회적 커뮤니케이션을 수행하고 있다. 예를 들어, 「거리1」은 우리의 마음에 깊이 각인돼 있는 이념적 대립과 세대적 단절 양상을 자각하게 한다. 흥미로운 것은, 한국 근현대사의 적대적 기억과 상흔이 일상의 풍경 안에서 직조되고 있다는 점이다. 시적 화자는 건널목 좌/우에 서 있는 노인과 아이들을 바라보며, 한국 사회에 내재해 있는 갈등의 골("깊은 강")을 포착해낸다.

그의 시가 관념적 수사의 미혹을 물리치며 보편적 삶의 과제로 도약하는 것은 이 지점이다. 시적 언어를 요상한 체험을 통해 가장하지 않고, 일상의 영역에서 타인의 고통과 역사적 트라우마를 읽어내고자 하는 시도, 이것이야말로 김요아킴 시의 미덕이라 하겠다. 2부에 수록된 작품들은 이를 방증하는 구체적인 예다. 「현무암 각질 서비스」를 보자.

가지 말아야 할 길을 걸을수록
아래로 아래로 퇴적되는 낯두꺼움, 이제는
그 관성으로 통증마저 빼앗겨버린

닿지 않아야 할 곳을 밟을수록
밑으로 밑으로 몰려오는 묵은 마음, 결국
그 관행에 부끄럼마저 실종돼버린

홀러덩 맨살로 대면하는
욕탕의 전신 거울 속으로
나의 발바닥을 비벼대는

세월의 앙금 다 풀어내지 못한 섬, 용머리해안
좌판에서 칭얼대는 돌 하나가
무사히 뭍으로 상륙하고

그날따라 비바람에 구멍은 더 젖었지만
교실 밖으로 나온 아이들은 즐거웠고
또 다행히 이렇게 살아남아

요리조리 벗겨지지 않는 지독함이

폭발한 화산, 4월의 그 울음이 멎은 틈 사이로

마침내 시원하게 휩쓸려오고 있다

—「현무암 각질 서비스」 전문

이 작품은 ‘제주 4 · 3사건’을 모티프로 삼고 있다. 허나 놀랍게도, 시의 배경은 국가 폭력에 의해 부서진 역사 공간이 아니라, 일상의 피로를 치유하는 투어리즘 코스로 탈바꿈되어 있다. 식민주의와 동아시아 냉전체제로 인해, 수많은 이들이 처참한 죽임을 당한 집단적 트라우마는 희석돼 버렸다. 아이러니하게도, 그것이 오히려 이 작품의 주제의식을 강화시킨다. 시인은 슬픈 역사의 풍상을 리얼하게 재현하거나 모사하는 대신, 역사적 아픔을 망각하고 있는 현실 인식을 자조적으로 비판하고 있다. 여기에서 시적 화자의 “부끄러움”을 감지하는 것은 어렵지 않다. 윤동주 시인의 「자화상」에 나오는 거울 이미지를 연상하게 하는 표현에서 짐작할 수 있듯(“욕탕의 진실 거울 속으로/나의 발바닥을 비벼대는”), 제주의 아픔과 고통을 공통의 트라우마로 복원하지 못한다는 부채의식은 자기반성을 촉구한다.

모든 사람이 역사의 고통을 감지하며 살아가기란 쉽지 않다. 다만 누군가는 그 처연한 울음(“4월의 그 울음”), 어느 누구에게도 말하지 못했던 고통의 목소리에 귀 기울이고자 노력해야 한다. 반복되는 일상 속에서 역사의 망각에 저항하는 언표 행위가 시적 담론이기 때문이다. '시적인 것'의 현재적 가치란 메모리얼 투쟁에 있으며, 그 최전선에 시인이 서 있다. 이것이 우리가 시를 읽고 쓰는 이유이다. 시를 향유한다는 것은, 그저 고상한 예술 행위를 하는 것이 아니라, 스스로 불편함을 감당하겠다는 문화적 선언이다. 김요아킴 시인이 2부에서 역사적 사건을 다룬 작품을 전면화하고 있는 이유이기도 하다. 시간의 흐름을 따라 죽 꼽아 보면 다음과 같다. 「유감(有感)」과 「초량, 소녀 앞에 서다」는 일본 제국주의의 야만성과 위안부 강제동원의 폭력성을 조명하고 있으며, 「불턱 방담(放談)」, 「현무암 각질 서비스」 등은 해방공간 제주에서 벌어진 참담한 국가 폭력의 슬픔을 애도하고 있다. 그리고 「진혼을 위한 서곡—괭이 바다」, 「뼈무덤—그날, 여양리」는 한국전쟁 기간 중 고향인 마산 인근에서 자행된 민간인 학살사건을 증언의 형식으로 복원하고 있으며, 「사드, 그리고 Donna Donna」와 「임진강」, 「둥근 만남—널문리 주막마을에서」 등은 신냉전 체제의 위험을 비판하며 평화를 위한 행동에 적극 나설 것을 촉구하고 있다.

김요아킴 시인은 역사적 사건을 직접적인 소재로 삼는 작업을 피하지 않는다. 동시에, 일상의 공간에서 새로운 삶의 가능성을 만드는 데도 온 마음을 다한다. 1부 후반부에 배치되어 있는 몇몇 작품에서 진솔한 삶의 풍경을 엿볼 수 있지만, 이번 시집의 심미적 즐거움은 3, 4부의 시편을 구성하는 '금곡동 아파트' 연작에서 찾을 수 있다. 이 연작시는 부서진 '대지의 상상력'을 보여준다. 『공중부양사』라는 제목이 시사하고 있는 바와 같이, 이번 시집은 후기자본주의 사회를 살아가는 현대인의 소외 의식과 장소 상실감을 문명 비판적 시각에서 표현하고 있다. 특히, '금곡동 시편'이라 부를 수 있는 작품들은 자기성찰적인 성격을 담고 있다. 「집—금곡동 아파트」를 보자.

두말 할 것도 없이 평지다

산 언저리에 자리한 옛집처럼
오르막의 숨가쁨이나
위태로운 내리막은 전혀 없다

흰 눈 때문에
이삿짐을 꾸린 트럭의 바퀴가 헛돌아
마음 졸일 필요도 없다

어린 딸아이가 넘어져

부러진 이빨 조각을 시멘트 바닥에
흘려 놓을 이유도 더 이상 없다

슈퍼나 세탁소 혹은 미용실을
가볍게 들락거릴 수 있는 여유,
낙동강을 펼쳐 두고
자전거 페달을 밟는 주말 오후의
풍경도 인화할 수 있다

짙은 풀내음과 뻐꾹새 울음은 없지만
네온 불빛 숲으로, 갈 곳은
쉽사리 많아졌다

여긴 누가 보아도 평지다

하지만 나는 여전히
광장으로 가보진 못했다

—「집—금곡동 아파트」 전문

인용한 시의 핵심 정조는 두 가지이다. 첫째, 과거에는 분명 존재하고 있었으나 현재에는 부재하는 것에 대한 상실감("짙은 풀내음과 뻐꾹새 울음은 없지만"). 둘째, 아직

도래하지 않은 사회적 커뮤니티의 가능성에 대한 불확실성이다("광장으로 가보진 못했다"). 금곡동 시편의 가장 기본적인 정서가 완전한 세계/장소의 파괴, 즉 상실감에 있다는 것은 중요하다. 현상학적 장소연구자인 에드워드 렐프라면 '장소상실, 혹은 무장소성(placelessness)'이라고 불렀을 내용이다. 차분히 논의를 이어가 보자. 『공중부양사』의 중핵 공간이 되는 '금곡동'은 시인이 터하며 살아가고 있는 부산의 외곽지역이다. 시인은 이곳으로 이주해 생활하며 느낀 감정을 진솔하게 표현하고 있는데, 특히 3, 4부에서 본인 시의 특장점이 잘 드러나는 작품 세계를 보여주고 있다. 금곡동(金谷洞)의 지명 유래에는 몇 가지가 있다. 첫째, 금정산의 골짜기에 위치한 마을이라는 뜻. 둘째, 신석기부터 사람이 거주한 흔적이 있는 마을이라는 것. 이때 '금곡'의 '금(金)'은 '검(철)'으로 풀이된다. 어느 것이 맞든, 둘 다 자연과 인간이 조화롭게 어우러져 살아가는 터전이었다는 점에서는 차이가 없다. 본래 이곳은 전설의 공간이었으니(「에기소 앞에서」), 이제는 "포크레인 굉음과/덤프트럭들이 진"(「낙동강 성형일지」)을 친 상업 공간이 되었다. 인간과 자연의 조화로운 관계가 파괴된 것이다.

그러나 시인은 '금곡'을 끝장난 유토피아나 무릉도원으로 묘사하고 있지 않다. 현실 세계의 모순과 부조리를 관조적 세계관으로 초월하지 않겠다는 의지를 보여주는 것이라 생각된다. 시인은 비현실적 생태주의를 경계하면서도, 자연과 문명의 관계를 명료하게 대립시키고 있다. 그것은 「집－금곡동 아파트」에서와 같이, "짙은 풀내음과 뻐꾹새 울음"이 있는 숲과 "네온 불빛 숲"으로 대비되기도 하고, 또 "산"과 "평지", "고당봉 금샘"과 "다이소 불빛"(「경계」), "명태"와 "자본"(「명태를 찾아서」), 그리고 「사각사각 이야기」에서처럼 둥근 것과 각진 것의 이미지로 마주서기도 한다. 이는 자연 공간과 도시 공간의 불화를 넘어 '바다'와 '육지'의 균열에 이른다. 「자갈치역 문이 열리자」라는 시에서 잘 드러나듯 육지("뭍")는 "숨어 쉴 곳"이 "없"는 팍팍한 삶의 공간이다. 이렇게 바다(자연)와 육지(도시)의 장소감각이 균열을 겪을 수밖에 없는 것은, 대륙의 상징성이 인간 욕망으로 점철되어 있는 근대 자본주의의 축적 토대로 기능하기 때문이다("자본으로 덧씌워지는 원심을 향해/지독히도 땅 밑을 환승하며", 「부암역」). 마르틴 하이데거 역시 현대 사회를 귀향 불가능의 시대라고 명명하면서, 그 근원적 결핍을 노래(悲歌)하는 것이 위대한 시인의 운명이라고 말하였다.

이와 같이, 『공중부양사』에는 바다와 육지의 이미지 대립이 선명하게 나타난다. 그러나 이를 소박한 생태주의나 문명비판론으로 환원해서는 곤란하다. 시인의 디스토피

아적 세계관이 '인간 소외'에 초점을 두고 있는 것은 분명하지만, '바다－육지－인간'의 관계를 새롭게 구성하고자 하는 노력을 포기하지 않기 때문이다. 다음의 작품들을 보자.

바다상회의 주인은 바다다

재생되는 내 기억의 필름 속에서
늘 손님을 맞고 있다

그 한 평 남짓한 자리에서
조수 간만의 차이만큼을 버텨내고 있다

(…중략…)

저 멀리 뒷산이 파라솔처럼 고운 그늘을 펼치면
반질반질한 계산대 탁자 모서리로
반짝거리는 나의 손때가 더해진다

바다상회의 손님이 바다가 된다

—「바다상회」 부분

아나고 한 점을 입에 넣고
딸아이는 연신 고소하게
손뼉을 치며 환호한다

미리 지정된 관중석에 앉아
드넓게 펼쳐진 푸른 그라운드를
마음속으로 기워 올리며, 저 멀리
큼직한 야구배트와 글러브를
줌인 중이다

—「칠암항」 부분

「바다상회」에서 자아와 세계는 매끄럽게 조응하고 합일한다. 첫 행("바다상회의 주인은 바다다")과 마지막 행("바다상회의 손님이 바다가 된다")이 수미상관 형식으로 구성되어 있는 것이 그 방증이다. 굳이 슈타이거의 「시학의 근본개념」을 인용하지 않더라도, 우리는 이러한 순간을 '서정(抒情)적 세계'라 부를 수 있다. 주인과 손님의 분별이 사라지고 모든 존재가 환대로 넘쳐나는 시공간이다. 시인이 궁극적으로 지향하는 바이다. 다만, 시인의 바다는 자연 그 자체로 존재하는 대상이 아니라, 인간과 자연의 조화로운 관계 속에서 새롭게 정초되는 세계이다. 시 「칠암항」("아나고 한 점을 입에 넣고/딸아이는 연신 고소하게/손뼉을 치며 환호한다")과 「동경횟집 전어」("한 점 그 맛을 느끼며/출렁, 한 생을 횡단한다")는 인간과 바다와 아름다운 교감을 보여준다.

바다와 육지의 이미지는 이항 대립적이지만, 세밀하게 보면 차이가 있다. 육지라 하더라도, 산과 평지는 구분된다. '산'은 대지의 조화로움을 품고 있는 곳이지만, 도심의 '평지'는 인간의 욕망을 자극하고 소비하는 공간이다. "산"과 "평지" (「집—금곡동 아파트」), 곡선과 직선("일자로 뻗은 각선미를 위해", "옆구리로 밀린 곡선의 살들", 「낙동강 성형일지」), "본래의 유전자"와 "수없는 광고와 자본"은 대립한다. 「안심료, 편백나무」에서 보듯, 산은 인간의 욕망과 고통을 치유해주는 저항의 영령이며 자연의 장엄함을 상징한다("주위의 나쁜 기운에 대항하며/끊임없이 단말마적 숨을/뿜어내고 있는 것"). 평지 '금곡' 또한 자연과 대비되는 세속적 공간만은 아니다. 자연인으로 숨어 살 게 아니라면, 인간은 비루한 일상과 찌질한 관계 속에서 살아갈 수밖에 없다. 그 세속의 토폴로지가 '금곡'인 셈이다. 그래서 금곡동 시편에는 '가족 시편'이라 부를 수 있는 작품이 자주 나온다. 「딸아이와 함께 CGV를」이 대표적이다. 시적 화자는 딸과 멀티플렉스 영화관을 찾아 영화 「1987」을 함께 본다. 비록 매우 찰나적이며 단편적인 경험이라 하더라도("1987년을 찾아가는 유일한 이징

표는/핸드폰 불빛이었다"), 금곡동은 "교과서 밖"의 세상을 배우는 곳이다(「목욕탕 옆 김밥집」). 또한 금곡은 한 주의 고단함을 쏟아 버리는 장소이자(「비데 도서관」, 「풋풋하다, 그 마사지」), 가족과 함께 편안하고 소박한 주말을 보낼 수 있는 곳이기도 하다(「토요일의 밥상」).

프리드리히 폰 실러는 인간과 자연의 조화를 꿈꾸는 미적 행위를 '애상적 시'라고 불렀는데, 그런 점에서 『공중부양사』는 목가적이라기보다는 애상적인 것에 훨씬 더 가깝다. 금곡동 시편은 생명에 대한 경외감과 인간의 자연 파괴에 대한 애도와 반성으로 이어진다. 「시를 쓰려던 밤—금곡동 아파트」를 보자.

나는 모른다, 아니 보지 않으려 했다
대천천을 끼고 산성 가는 길
타이어 자국이 몇 번이나
앙칼진 빗금을 그었어도
그 보드라운 털빛을 알아보지 못했다
모로 누운 생의 무거움이 얼마인지
입 밖으로 흘러넘친 선혈이 왜 그다지
붉은지, 애써 모른 척했다
창백해진 시간을 당기는 길 위의 바람이
서둘러 귀가를 종용하고

오가는 불빛이 명멸할 바로 그 시간,
나는 여전히 슬리퍼 차림으로 서성거렸고
아내는 기어이 한 주검을 인도로 거두어내었다
딸아이들의 깊은 조문을 뒤로 하고
그날 밤 나는 시 나부랭이 한 편을 써서
제문祭文으로 갖다 바치려 했다

—「시를 쓰려던 밤—금곡동 아파트」 전문

길 위의 죽음과 마주했을 때, 그 대상을 애척(哀戚)하고자 하는 마음은 소중하다. 시적 화자와 아내, 그리고 딸아이의 밤 깊은 '조문'이야말로, 우리가 결코 망각해서는 안 되는 마음의 무늬이다. 우리는 이 마음을 잊고 산다. 한 편의 시만이 슬픈 생명의 제문(祭文)이 되는 현실은, 어쩌면 '이 세상에 없는 마음'이라 할 수 있다. 금곡동은 한 편으로는 도시 개발과 자연 파괴의 공간이지만, 더불어 고통의 목소리에 귀 기울이며 생의 배움을 얻는 장소이기도 하다. 금곡동 시편이 의미 있는 것은, 이들 작품의 시선이 가장 약한 곳에 가닿기 때문이다. 「수정탕에서—금곡동 아파트」에서 시적 화자는 한쪽 팔에 손상을 입은 장애인을 만난다. 그리고 신체적 손상과 무관하게 은폐된 세계를 개시하는 힘을 직감한다("그 왼손이 세상의 문을 열고 닫는다"). 시인은 본래 의료적 관점이 아니라, 존재론적

차원에서 세상과 사물을 감각하는 사람이다. 근대 사회가 만들어 놓은 의료적 입장과 경제적 개발주의를 넘어서 자연과 인간 그 자체를 대면하는 존재이다.

이야기를 조금 더 진전시켜 보자. 표제작 「공중부양사」는 아파트 외벽 창문을 청소하는 노동자에 관한 작품이다. 시인은 노동자의 삶과 시적 화자의 생을 오버랩시킴으로써, 우리가 결코 잊어서는 안 되는 삶의 가치를 상기시킨다. 현대인은 부유하는 일상을 살아갈 수밖에 없다("바람에 실려 흔들리는 생의 밧줄"). 하지만 생활과 존재의 흔들림 속에서도 버티고 견뎌내야 할 마음("절대 끊겨서는 안 될 마음")이 있다. 이는 단순히 생계 문제에 국한되지 않는다. 개개인의 사연을 온전하게 듣고 기록한다는 것은 불가능하겠지만—「천국을 줍는 노인」, 「공중부양사」, 「난민이 되던 날」, 「애기소 앞에서」, 「뇌병변복지관」 등과 같이—, 도무지 표현하지 못했던 심적 잔여물을 수습하여 전하고자 하는 노력은 필요하다. 그것이 시인의 마음이다. 어쩌면, 이 세상에 존재하지 않는 마음일지도 모르겠다. 오직 시인(들)을 통해서만 목격할 수 있는 것이라면 말이다. 이는 역설적이게도, 방대한 양과 빠른 속도를 자랑하는 매체나 콘텐츠가 많음에도 불구하고, 시가 존재해야만 하는 이유이기도 하다. 왜냐하면 시인은 세계와 사물의 "등 뒤"에 숨겨져 있는 생의 통점("멍", "슬픔",

"통점", 「고등어」)을 감지하고 치유하는 존재이기 때문이다.

그렇다면 이 마음의 뿌리는 어디에서 기인하는가. 바로, 어머니와 아버지이다. 「삼성관 졸업기」와 「6시 내고향」에서 보듯, 시적 화자는 유년 시절에 대한 기억을 단순한 과거 회상이 아니라 지금 이 시간을 견디고 버티게 하는 마음의 동력이라고 말하고 있다("여전히 아내도 아이들도 돌아오지 않는/지천명의 아직 환한 6시"). 인간 세상은 더욱 천박하게 변하고 있지만, 분명 시인은 (어머니와 아버지처럼) 누군가의 마음에 환한 등불이 되어줄 것이다. 마지막 작품을 보자.

해질녘 한 아이의 둥근 마음을 받았다

교무실 책상 위로 열대야가 확 풍기는 한 모금 과육을 아껴 집으로 데리고 갔다 사각의 자동차에 태우고 차선을 질주하다 각진 경적을 울리며 사각사가, 핸들은 그 아이 마음 같았지만 어느새 각진 아파트주차장을 몇 번이나 돌다 사각사각, 사각의 엘리베이터는 버튼을 놓친 대가로 꼭대기 층에서 내려올 줄 몰라 사각사각, 기어이 사각의 현관문으로 입성하여 욕탕거울 속으로 비친 각진 얼굴을 지켜보다 사각사각, 사각의 TV화면보다 너 크게 위층 거

실에서 쿵쾅거리는 소리에 사각사각,

잠시 식탁에 앉아 그 아이의 마음을 마침내 마저 읽어
내었다, 달콤하면서도 시원한 그 동글동글한 맛을

—「사각사각 이야기—금곡동 아파트」 전문

금곡동 연작의 아름다운 사연 중 하나이다. 위트 넘치며 쉽게 읽힌다. 인간이 도시 문명에서 잃어버린 마음은 황금시대의 빛나는 이성이 아니라, 바로 "동글동글한 맛"이다. 우리는 세상살이에 치이고 마모돼, 이 둥근 마음을 조금씩 깎아버린다("사각사각"). 모가 난 마음은 타인에 대한 분노와 조급함("각진 경적"), 미움과 증오의 정념("위층 거실에서 쿵쾅거리는 소리")으로 분출될 수밖에 없다. 그러니 둥근 마음을 회복하는 것, 그 "달콤하면서 시원"한 미감(味感)을 잃지 않도록 돕는 것이 동시대 시인의 중요한 책무다. 인간사 어디든 모순과 갈등이 없지 않으니, 타인과 새로운 관계를 가꾸며 살아가는 것이 필요하다. 다만 김요아킴 시인에게는 그 공간이 "금곡동"인 셈이다(「여기, 지금의 행복」). 아마, 우리의 마음에도 각자의 '금곡(金谷)'이 하나쯤 있을 것이다. 시인은 세상에 없는 마음의 거처, 우리가 잃어버린 치유의 공간을 회복시켜준다.

자연과 인간의 대립과 조화를 사변적 언어가 아니라, 구체적인 삶의 현장에서 진솔한 말로 풀어내는 것이 여섯 번째 시집 「공중부양사」의 가장 큰 미덕이다. 이 해설이 독자와의 소통을 돕는데 조금이나마 기여할 수 있다면, 부족한 평문도 한 편의 문학적 대화로 즐거울 수 있을 것 같다. 내가 살아가는 도시에 이토록 진솔하고 따뜻한 시인이 있다는 사실, 그 하나만으로도 우리의 한 세기는 충분히 넉넉하고 풍요롭다고 말할 수 있다. 이렇게 각박하고 황량한 세상에도, 시와 사람을 사랑하는 마음을 포기하지 않는 김요아킴 시인이 있기에, 오늘도 우리는 '동글동글' 행복하게 웃을 수 있다.

애 지 시 선